Julian Rad

Sag es durch die Blume

Mit Hamster, Ziesel und Eichhörnchen
die Schönheit der Natur entdecken

LÜBBE

Originalausgabe
Copyright © 2019 by Julian Rad
Copyright © 2019 by Bastei Lübbe AG, Köln

Texterstellung: Julian Rad und Angela Kuepper
Porträtfotos: Jasmina Brkic; Foto S. 30: Benjamin Enajat
Umschlaggestaltung: Tanja Østlyngen
Einband-/Umschlagmotiv: © Julian Rad
Satz: Götz Rohloff - Die Buchmacher, Köln
Gesetzt aus der Gill Sans
Druck und Einband: Livonia Print, Riga

Printed in Germany
ISBN 978-3-431-04122-4

5   4   3   2   1

Sie finden uns im Internet unter: www.luebbe.de
Bitte beachten Sie auch: www.lesejury.de

Ein verlagsneues Buch kostet in Deutschland und Österreich jeweils überall dasselbe. Damit die kulturelle Vielfalt erhalten und für die Leser bezahlbar bleibt, gibt es die gesetzliche Buchpreisbindung. Ob im Internet, in der Großbuchhandlung, beim lokalen Buchhändler, im Dorf oder in der Großstadt – überall bekommen Sie Ihre verlagsneuen Bücher zum selben Preis.

INHALT

Vorwort 7

Einleitung 19

Feldhamster – nimmersatte Nager 38

Ziesel – quirlige Wiesenbewohner 80

Eichhörnchen – Kobolde des Waldes 110

Dank 158

VORWORT

Unser Planet Erde bietet eine Heimat für eine staunenswerte Vielfalt an Tieren. Man muss nicht einmal weit reisen – auch in Mitteleuropa leben die unterschiedlichsten Wildtiere, vom Luchs mit seinen unverkennbaren Ohrpinseln über Gämsen und Siebenschläfer bis hin zum Roten Milan. Überall dort, wo ihr Lebensraum geschützt wird, haben diese Tiere eine Chance, vom Menschen weitgehend ungestört zu überleben. Einige, die als ausgestorben oder stark bedroht

galten, sind mithilfe von Artenschutzprojekten und Renaturierung zurückgekehrt. In felsigem Gelände, Steinbrüchen und sogar inmitten von Städten trifft man wieder auf den Uhu; auch der Bartgeier, der Biber und viele andere Tiere finden hierzulande einen neuen Lebensraum. Manche, wie die Wildkatze, sind selten und scheu; die wenigsten Menschen haben sie je gesehen. Andere, wie das Eichhörnchen, zeigen eine hohe Anpassungs-

fähigkeit und ziehen in die Städte, wo sie ihre Nischen finden und mit der Zeit Vertrauen in den Menschen fassen. Wo auch immer wir Wildtieren begegnen, erinnern sie uns daran, dass wir uns den knapper werdenden Lebensraum mit ihnen teilen. Und je näher diese Begegnungen sind, desto größer wird meist unser Wunsch, die Tiere und die Natur zu schützen.

Zahlreiche Tierfotografien werden in exotischen Ländern aufgenommen und bringen uns die einzigartige Fauna Afrikas, Australiens oder der Arktis näher. Auch ich wünsche mir, einmal einen Karakal, Koala oder Polarfuchs abzulichten. Doch wirklich fasziniert haben mich schon immer die Winzlinge unter den heimischen Wildsäugetieren: Hamster, Ziesel und Eichhörnchen. In den vergangenen Jahren bin ich tief in ihre Welt eingetaucht und habe einiges über sie lernen dürfen. Daraus sind zahlreiche Fotos entstanden, die dem Betrachter einen Einblick in das Wesen der

Tiere schenken und dazu einladen sollen, ein wenig bei ihnen zu verweilen.
Nicht viele Menschen haben die Möglichkeit, Wildtieren außerhalb von Zoos so nahe zu sein. Oft trennen mich nur wenige Meter von ihnen. Wenn die Tiere sich unbeobachtet fühlen, erlauben sie mir einen unverfälschten Blick auf ihr Verhalten und ihre Art zu leben, zu überleben. Es ist jedes Mal aufs Neue spannend zu sehen, wie ausdrucksstark die Gesichter und wie unterschiedlich die Charaktere dieser kleinen Geschöpfe sind.

Und davon erzählt dieses Buch: von nimmersatten Feldhamstern, von quirligen Zieseln und nicht zuletzt von koboldhaften Eichhörnchen in Parks und im Wald. Es erzählt auch von unverhofften Begegnungen voller Vertrauen und Nähe, wie nur die Natur sie uns zu schenken vermag.

EINLEITUNG

Seit meiner Kindheit wohne ich in der Nähe einer der größten, noch weitgehend intakten Aulandschaften Europas, die sich am Rande Wiens erstreckt. Zahlreiche Wildtiere leben hier geschützt inmitten der Wiesen und Wälder. Es war nur eine Frage der Zeit, bis ich die ersten Begegnungen mit ihnen fotografierte: den schillernden Eisvogel, das sich aufplusternde Rotkehlchen, taubesetzte Insekten oder den Rotfuchs im hohen Gras …

Nach meinem Abitur nahm ich mir eine Auszeit und streifte mit der Kamera durch Wien. Auf der Suche nach verborgenen Winkeln entdeckte ich in Parks, auf Grünstreifen oder alten Friedhöfen die Tiere der Stadt und war schon bald fasziniert von ihrer Anpassungsfähigkeit und dem Zutrauen, das sie mir entgegenbrachten. Es waren Begegnungen, die mir vor Augen führten, wie wichtig die Nähe zur Natur für mich ist, und so entstand nach und nach in mir der Wunsch, Wildtierfotograf zu werden.

Naturfotografie bedeutet für mich mehr als nur das schlichte Ablichten einer Szene, sie hat etwas Meditatives, zutiefst Beruhigendes und bietet mir einen Ausgleich zu der alltäglichen Hektik der Stadt.

Wildtierfotografen müssen eine Engelsgeduld besitzen, denn die frei lebenden Tiere sind unberechenbar, haben ihren eigenen Willen und entscheiden selbst, wann sie kommen und gehen möchten.

Genau das macht die Naturfotografie zu solch einer Herausforderung. Man braucht Einfühlungsvermögen, Artenkenntnis, Ausdauer und auch eine Prise Glück. Denn manchmal muss man einfach zur rechten Zeit am rechten Ort sein, um das perfekte Bild zu schießen.

Bevor ich Wildtiere ablichte, informiere ich mich als Erstes über ihren Lebensraum, die natürlichen Verhaltensweisen und darüber, was sie lieben, aber auch fürchten. Ich beobachte sie über Tage und Wochen hinweg und versuche dabei herauszufinden, wie sie „ticken": welche Fluchtdistanz die einzelnen Tiere haben, wie ihr Tagesrhythmus aussieht, welche Angewohnheiten für sie typisch sind und womit sie sich beschäftigen. Erst dann lege ich mich auf die Lauer und mache mich bereit, sie mit der Kamera einzufangen.

Je scheuer ein Wildtier ist, umso mehr Tarnung benötigt man, und je unsichtbarer man ist, umso weniger stört man das Tier in seinem Tun und umso höher sind auch die Chancen auf authentische Fotos. Die meiste Zeit des Tages verbringe ich in einem tarnfarbenen Zelt. Oft merke ich erst am Abend, wie hart der Boden war, auf dem ich stundenlang gekauert habe, um die Tiere in den verschiedensten Posen abzulichten. Ich verwende nur Teleobjektive mit großen Brennweiten, denn je mehr Abstand zum Tier, desto besser. Der Schutz der Wildtiere und ihr Wohlbefinden haben bei meiner Arbeit immer Vorrang. Nur dann, wenn sie ungestört bleiben, können sie ihr natürliches Verhalten beibehalten. Wann immer ich in der Natur bin, sehe ich mich als Gast, der in die geheimnisvolle Welt

Einleitung | 33

der Tiere eintaucht, sie bestmöglich fotografisch festhält und dann sein Versteck ohne jede Spur wieder verlässt, so als wäre er nie da gewesen.

Das Aufspüren der Wildtiere, die zahlreichen Vorbereitungen und das lange Warten sind der mühsame Teil meines Berufs. Doch wenn ein Tier sich schließlich vor der Linse zeigt, hat sich der Aufwand mehr als gelohnt. Dann werde ich Zeuge eines Moments, in dem das Tier sich unbeobachtet glaubt und sich ganz seinem natürlichen Tun hingibt. Es schenkt mir einen Einblick in seine Welt, die voller

Überraschungen ist, wenn man sich ihr öffnet.

Während ich warte und beobachte, erlebe ich immer wieder, wie sehr sich das Verhalten der einzelnen Tiere voneinander unterscheidet. Jedes Wesen hat seinen eigenen Charakter, eines ist eher scheu und vorsichtig, das andere hingegen mutig und das nächste voller Neugier. So habe ich Füchse getroffen, die sich fast haben streicheln lassen, wohingegen ihre Artgenossen mich nicht einmal tolerierten, wenn ich sie aus fünfzig Metern Entfernung ablichten wollte.

Ein gelungenes Wildtierfoto ist mehr als reine Dokumentation, es bringt dem Betrachter die Natur und ihre Lebewesen näher. Im Idealfall vermittelt es das Gefühl, selbst ganz nah dabei zu sein. Manche meiner Bildideen benötigen Tage oder gar Wochen, um sie umzusetzen, und erfordern viel Vorbereitung, zumal Naturfotografie niemals zu hundert Prozent planbar ist. Hin und wieder

passiert es, dass ich nach einem langen Tag ganz ohne Bilder nach Hause gehe. Und doch ist keine Sekunde verschwendet. Wenn die scheuen Ziesel die Angst vor mir verlieren, der Feldhamster sich aufrichtet und zum Sprung nach den reifen Beeren ansetzt oder das Eichhörnchen selbstvergessen ins Wasser starrt, um die Pfote nach dem eigenen Spiegelbild auszustrecken – dann erlebt man Momente voller Magie und im Einklang mit der Natur. Und das ist letztlich alles, was zählt.

FELDHAMSTER –
NIMMERSATTE NAGER

MEINE ERSTE BEGEGNUNG

Als ich im Jahr 2013 meinem ersten Feldhamster begegnete, ging für mich ein Traum in Erfüllung. Seit ich nämlich Jahre zuvor erfahren hatte, dass die drolligen Tiere vom Aussterben bedroht sind, hatte ich sie ins Herz geschlossen und wünschte mir, sie mit der Kamera einzufangen.

Eines Tages erzählte mir meine Mutter von einem Ort am Rande Wiens, wo Feldhamster eine Nische gefunden haben, um zu überleben. Also packte ich gleich am nächsten Tag meine Kamera und machte mich voller Erwartungen auf den Weg.

Kaum hatte ich mich mit der Umgebung vertraut gemacht und mir einen Platz zum Beobachten gesucht, huschte auch schon etwas durch das hohe Gras. Ich erspähte zwei Ohren und war mir nicht sicher, ob es sich nun wirklich um einen Hamster oder vielleicht doch eher um eine wohlgenährte Maus oder gar Ratte handelte. Minuten vergingen, auf einmal raschelte es wieder. Lange dünne Schnurbarthaare und eine kleine rosafarbene Nase tauchten auf, die vorsichtig umherschnupperte. Ich blieb wie gebannt sitzen und rührte mich nicht. Nach einer ganzen Weile,

als das Tier sich sicher fühlte, lief es ein paar winzige Schritte. Jetzt bestand kein Zweifel mehr. Da war er, der Feldhamster! Die schwarzen Knopfaugen und die schöne, schwarz-weiß-braun gefleckte Fellzeichnung waren einfach unverwechselbar.

Der Hamster stellte sich auf die Hinterbeine, blickte direkt in meine Richtung und putzte sich mit den Vorderpfoten das Gesicht: ein typisches Zeichen, dass er sich irritiert fühlte oder gar erschreckt hatte. Einen Herzschlag später war er wieder in seinem nahen Bau verschwunden.

Insgeheim staunte ich über die Körpergröße, die eher einem Meerschweinchen gleichkam. Eigentlich hatte ich mir die niedlichen Nager viel kleiner vorgestellt, vermutlich wegen ihres Verwandten, des syrischen Goldhamsters, den viele Menschen zu Hause in Käfigen halten. Also machte ich mich kundig und erfuhr, dass der Feldhamster eine Größe von fünfunddreißig Zentimetern erreichen kann. Er ist mit den Mäuseartigen ver-

wandt, ist dämmerungs- und nachtaktiv. Kurz vor Sonnenuntergang wagen sich die Nager aus ihren Höhlen, um sich zu stärken, und kehren erst früh am Morgen zum Schlafen in ihren Bau zurück.

In den nächtlichen Stunden dreht sich alles ums Futtern. Wenn Feldhamster nicht gerade ihren enormen Hunger stillen, stopfen sie sich die Backen voll und betreiben Vorratshaltung.

Von April bis September lassen sich die fressfreudigen Tiere am besten beobachten. In den restlichen Monaten hält der Feldhamster Winterschlaf, wacht jedoch alle paar Tage auf, um sich an seinen Nahrungsdepots zu bedienen.

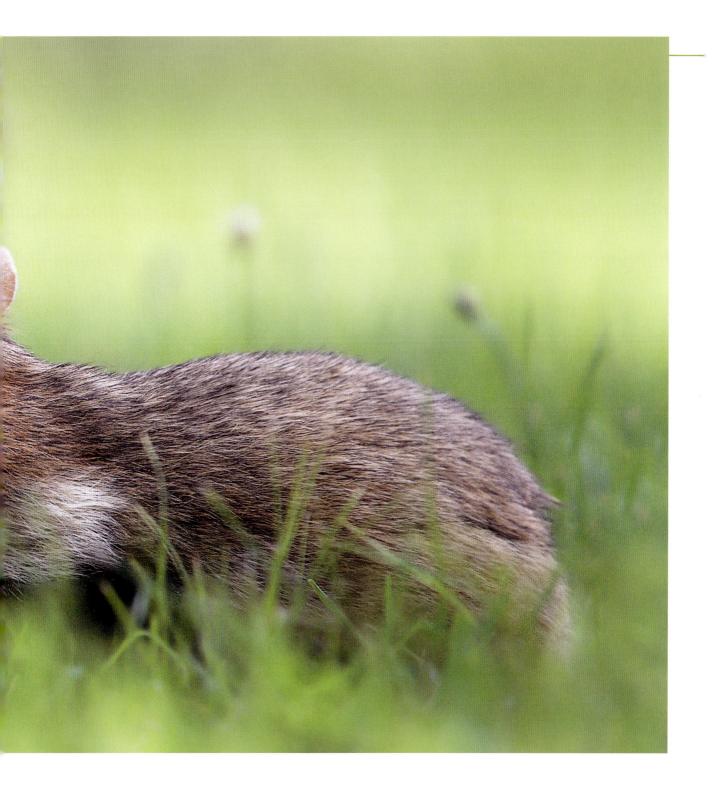

Im Spätsommer beginnt bei den Feldhamstern der Sammelrausch. Dann packen sie in ihre dehnbaren Backentaschen, was sie nur kriegen können: Feldfrüchte, Körner und Wildkräuter, Pflanzenwurzeln, Nüsse, Sämereien und kleine Insekten. Die Nahrung wird in dem verzweigten unterirdischen Höhlensystem in speziellen Kammern gelagert.

Wenn ich abends auf ihrer Wiese ankomme, schwirren bereits unzählige Hamster umher und erwecken ganz den Eindruck, als herrschte unter ihnen eine Art Wettrennen: Wer am Ende genug Vorräte gesammelt hat, übersteht den Winter. Um die kalte Jahreszeit zu überbrücken, benötigt der kleine Nimmersatt zwei bis vier Kilo Nahrung. Eine beachtliche Menge! Normalerweise trägt er allerdings rund fünf Kilo zusammen, sicher ist sicher. Das heißt aber nicht, dass der Hamster bei Erreichen der Fünf-Kilo-Marke Schluss mit dem Sammeln machen würde. Der Rekord an gelagerter Nahrung eines einzelnen Feldhamsters liegt bei sage und schreibe neunzig Kilogramm – dem Zweihundertfünfundzwanzigfachen seines durchschnittlichen Eigengewichts.

Die Sammelwut sorgte im vergangenen Jahrhundert dafür, dass die Nager von den Landwirten als Schädlinge angesehen und systematisch ausgerottet wurden. Inzwischen steht der Feldhamster auf der Roten Liste gefährdeter Tiere und genießt den vollen Schutz des europäischen Naturschutzrechts. Viele Bauern lassen hamstergerechte Getreidestreifen stehen, sodass die Tiere genug Futter zum Überwintern sammeln können. Doch sie haben es nach wie vor schwer: Die intensive Landwirtschaft, feuchte, warme Winter und die Versiegelung großer Flächen rauben ihnen den natürlichen Lebensraum.

Feldhamster – nimmersatte Nager | 53

HAMSTER IM LAUF

Kurz vor der Winterruhe gibt die Natur noch einmal alles, und es fallen diverse Leckereien von Bäumen und Sträuchern, wie Nüsse, Früchte, Zapfen und Beeren, was den Hamstern überaus gelegen kommt. Sie haben alle Backen voll zu tun, bevor sie für die nächsten Monate in ihrem Bau verschwinden.

Für mich ist der Herbst eindeutig die schönste Jahreszeit, weil Hamster, Ziesel und Eichhörnchen nun am aktivsten sind und die Natur solch ein breites Spektrum an Farben bietet. Das gelb-braune Laub harmoniert wunderbar mit den Brauntönen des flauschigen Hamsterfells, was mir jedes Jahr aufs Neue die Möglichkeit bietet, das bedrohte Tier von seiner schönsten Seite zu zeigen.

56 | Feldhamster – nimmersatte Nager

Da der Feldhamster dämmerungs- und nachtaktiv ist, macht er mir das Fotografieren nicht gerade leicht, denn wenn wenig Licht vorhanden ist, sind unscharfe Fotos das Ergebnis. So habe ich täglich meist nur ein Zeitfenster von ein oder zwei Stunden, in denen einigermaßen gutes Licht herrscht – sofern das Wetter mitspielt. Oft vergehen Tage oder gar Wochen, bis ich ein Bild verwirklichen kann.

Vor einigen Jahren hatte ich mir ein Bild in den Kopf gesetzt, das mich nicht mehr losließ. Die Idee war, den Feldhamster mit vollen Backen, frontal und im Lauf zu fotografieren. Einfacher gesagt als getan! Nach tagelangem Beobachten fiel mir ein Hamster auf, der immer wieder in seinen Bau huschte und dabei stets denselben Weg nahm. Es war Spätherbst, und der kleine Kerl war ohne Unterlass damit beschäftigt, für den Winter vorzusorgen. Das war meine Chance. Ich wartete geduldig, bis er seine Höhle verließ, um sich erneut auf Nahrungssuche zu begeben. Wie in Zeitlupe näherte ich mich dem Eingangsloch, positionierte die Kamera und legte mich flach auf den Boden. Jetzt hieß es warten. Nach vielleicht fünf Minuten tauchte er wieder auf und flitzte, so schnell ihn seine Beinchen trugen, in seinen Bau zurück. Keine Chance! Er war so flink, dass ich nicht mal ansatzweise die Möglichkeit hatte, den Auslöser zu betätigen. An diesem und an vielen weiteren Abenden kehrte ich mit leerer Speicherkarte heim.

Was viele nicht wissen: Das Sehvermögen des Feldhamsters ist nicht sehr ausgeprägt, da er hauptsächlich nachts unterwegs ist. Eher verlässt er sich auf seinen Gehörsinn, was ein großer Vorteil für mich als Naturfotograf ist. Denn so kann ich mich in seiner Nähe aufhalten, ohne von ihm bemerkt zu werden, und störe ihn auch nicht.

Dennoch: Das Schwierige an meinem geplanten Foto war, den Fokus richtig zu setzen. Der muss bei den Tieren immer bei den Augen liegen, und da mein Hamster sich so flink bewegte, war es eine echte Herausforderung. Mit der Zeit entwickelte ich ein Gefühl für den kleinen Nager und konnte seine Laufgeschwindigkeit einschätzen, sodass ich schließlich wusste, wann und wie schnell ich fokussieren musste.

Nach fast einem Monat hatte ich exakt das Foto im Kasten, das ich mir zuvor in den Kopf

Feldhamster – nimmersatte Nager | 61

gesetzt hatte: Mit seinen prall gefüllten Backen lief der Hamster so schnell, dass er förmlich über dem Boden schwebte. Ich nannte das Bild Rush Hour, weil es den Sammelrausch der Feldhamster darstellen soll, die in den Abendstunden des Spätsommers kreuz und quer durch die Wiese huschen und mit ihrem Tunnelblick nichts anderes im Sinn haben, als zu hamstern – und darin sind sie ja die Besten.

Das Foto ging um die Welt und erschien in unzähligen Zeitungen und Magazinen. Es machte mich glücklich zu sehen, dass das Bild des geschäftigen

Sammlers den Menschen Freude bereitete und ich so auf diese seltene Tierart aufmerksam machen konnte.

Für mich ist es ein großes Privileg, ein Wildtier mit solch einer schwierigen Vergangenheit fotografieren zu können. Mit meinen Bildern möchte ich zeigen, dass unsere Feldhamster friedvolle, liebens- und schützenswerte Wesen sind, und wünsche mir, den Menschen, die noch nie zuvor einen Feldhamster gesehen haben, dieses faszinierende Tier näherzubringen.

Feldhamster – nimmersatte Nager

NÄHE

Man sagt den Feldhamstern nach, dass sie sehr mutige Tiere seien. Wenn die Felder abgeerntet werden und sie abends aus ihrem Bau spähen, stehen sie völlig ohne Schutz vor Greifvögeln, Wieseln und Füchsen da und sind gezwungen, sich eine neue Nahrungsquelle, ein neues Zuhause zu suchen. Trotz ihrer schwierigen Lebensumstände konnte ich in den vergangenen Jahren immer wieder innerhalb

kürzester Zeit ihr Vertrauen gewinnen. Es ist eine Kombination aus Ruhe, Geduld und Ausdauer, die uns den Tieren Stück für Stück näher kommen lässt. Feldhamster sind Wildtiere, natürlich legen sie nicht von einem Tag auf den anderen ihre Scheu ab. Durch meine ständige Anwesenheit beim Fotografieren gewöhnen sich die Tiere irgendwann an mich und stufen mich nicht länger als Gefahr ein. Naschereien bekommen sie nur selten von mir. Auch wenn ich sie liebend gern verwöhnen würde, möchte ich nicht riskieren, dass sie irgendwann von mir abhängig werden.

Wenn sie aus freien Stücken Nähe zu mir suchen, ist das ein großes Geschenk für mich.

Manchmal ertappe ich mich dabei, wie ich die Kamera zur Seite lege, um den Feldhamstern mit bloßem Auge beim Herumwuseln zuzusehen, und genieße diese seltenen Momente der Vertrautheit. Es kommt auch vor, dass ich sie ganz ohne Fotoausrüstung besuche. Mit den

Jahren entstehen richtige Beziehungen zu den Tieren, man gibt ihnen Namen und vermisst sie, wenn man nicht bei ihnen sein kann. Feldhamster werden in freier Wildbahn leider nur zwei bis drei Jahre alt. Im Frühling, wenn ich nach ihrem Winterschlaf nach ihnen sehe, hoffe ich immer, dass all meine pelzigen Freunde wohlauf sind.

Ich erinnere mich noch ganz genau an eine Hamsterdame, die ich über drei Jahre begleiten durfte und die mir unzählige schöne Momente und Fotos schenkte. Ich nannte sie Hanni. Zum ersten Mal begegnete ich ihr, als sie noch recht klein war. Hamster wiegen bei

der Geburt weniger als zehn Gramm und legen dann ordentlich zu, bis sie ein Gewicht von vierhundert bis fünfhundert Gramm erreichen. Hanni zeigte von allen Jungtieren die geringste Scheu, und so verbrachte ich viel Zeit mit ihr. Sie war neugierig auf die Kamera und störte sich nicht daran, wenn ich den Auslöser betätigte, was ich in ihrer Gegenwart bald ständig tat.

Hanni war die meiste Zeit damit beschäftigt, ihre Backentaschen zu füllen, und hatte nichts dagegen, wenn ich sie bei der Nahrungssuche begleitete. So erfuhr ich bald, welche Pflanzen sie besonders mochte. Voller Inbrunst sammelte sie Wiesenklee-, Kamillen-, Löwenzahn- und auch Mohnblüten. Hin und wieder pflückte ich einige ihrer Lieblingsblumen und brachte sie ihr, woraufhin sie die kleinen Leckerbissen ratzfatz in ihre Backentaschen stopfte.

Richtig verblüfft war ich eines Tages, als ich sah, wie Hanni eine Brombeerstaude quasi im Sprung aberntete. Ich hatte zwar mittlerweile erlebt, dass Feldhamster verrückte Dinge tun, um an Nahrung zu gelangen, aber dass sie so gut klettern und springen können, war mir nicht bewusst gewesen.

Nachdem Hanni die Brombeerstaude in Rekordzeit nahezu leergeräumt hatte, brachte ich ihr von einem Feld, das der Bauer bis in den Frühling hinein für das Wild stehen gelassen hatte, einige Maiskolben mit. „So wie ich Hanni kenne, wird sie sich gleich darauf stürzen", sagte ich mir. Und genau so kam es auch. Kaum hatte ich den Stängel mit dem Kolben in den Boden gesteckt, turnte sie auch schon daran empor und stopfte die Maiskörner in maximaler Geschwindigkeit in ihre Backen. Mir blieb gerade noch Zeit, um meine Kamera zu positionieren und auf den Auslöser zu drücken.

Hanni warf zwei, drei Mal pro Jahr fünf bis sieben Junge, die sie über Wochen durchfütterte.

Auch in dieser sensiblen Zeit zeigte sie keinerlei Scheu vor mir. Oft lag ich stundenlang in der Nähe ihres Baus und sah zu, wie die Jungen zögerlich die winzigen Näschen hinausstreckten. Beim kleinsten Geräusch waren sie auch schon wieder verschwunden, was das Fotografieren unmöglich machte. Schließlich aber wagten sie sich einige Schritte hinaus und gewährten mir einen Blick auf ihre goldhamstergroßen Körper und die runden Köpfchen.

Wenn der Feldhamster von einem Fressfeind attackiert wird oder sich bedroht fühlt, bläst er die Backentaschen auf und springt den Angreifer an. Dabei gibt er schrille Laute von sich und macht sich so groß, wie er nur kann. Die weißen Pfoten und der schwarze Bauch sehen aus wie ein weit geöffnetes Maul. So versucht der Hamster seinem Angreifer Angst einzujagen.

ABSCHIED VON HANNI

Im Sommer 2017 waren drei ganze Jahre vergangen, die ich mit Hanni verbracht hatte. Kurz vor Herbsteinbruch wuchs in mir die Befürchtung, dass sie einen weiteren Winter nicht überstehen würde. Sie wirkte äußerst schwach, und ihr Gang wurde immer langsamer und unbeholfener. Das Leben eines Feldhamsterweibchens ist alles andere als leicht. Die hohe Anzahl der Jungen, die es jedes Jahr zur Welt bringt, die vielen Kilometer, die es zurücklegen muss, um diese zu ernähren, und dann auch noch die Sorge, genug Nahrung für den Winter zu sammeln, zehren an den Kräften.

Eines Abends im September saß ich an meinem gewohnten Platz und beobachtete sie. Das Gefühl von Abschied lag in der Luft, als ich sah, wie sie Nistmaterial sammelte, um sich für den Winterschlaf vorzubereiten. Sie war eifrig bei der Sache, bis sie schließlich genug zusammengetragen hatte. Auf dem Weg zu ihrem Bau blieb sie noch einmal kurz bei mir stehen, neigte den Kopf in meine Richtung, streckte die Nase zu mir hoch und verweilte einen Augenblick. Dann verschwand sie in ihrem Bau, und ich sah sie niemals wieder.

In meiner Erinnerung und auf all den Bildern, die ich von ihr machen durfte, bleibt Hanni für mich lebendig. Ich denke noch oft an sie, wenn ich ihre putzigen Nachkommen umherstreifen sehe. Dann wünsche ich mir, dass Feldhamster auch in Zukunft eine echte Chance haben werden, zu überleben. Jeder einzelne von ihnen ist ein kleines, schützenswertes Naturjuwel.

ZIESEL –
QUIRLIGE WIESENBEWOHNER

MINIATUR-MURMELTIERE IN AKTION

Am Stadtrand Wiens findet man inmitten einer weiten Blumenwiese eine kleine Kolonie der seltenen Europäischen Ziesel. Dort haben die aufgeweckten Nager alles, was sie zum Leben brauchen: lockeren Boden, um ihre Höhlen zu graben, und eine reiche Vielfalt an Pflanzen und ölhaltigen Samen für ihren Speisezettel.

Ziesel – quirlige Wiesenbewohner

Nur wenige Menschen haben die schreckhaften Tierchen je in ihrem natürlichen Lebensraum gesehen. Durch intensive Landwirtschaft und Monokulturen sind Ziesel stark gefährdet und in Deutschland bereits ausgestorben; im Jahr 2006 erfolgte der Versuch einer Wiederansiedlung im Rahmen eines Artenschutzprojekts im Erzgebirge. In Österreich und Osteuropa finden sich noch einige Wiesen und Steppen, wo die quirligen Lebewesen weitgehend ungestört herumspuken können.

Ziesel – quirlige Wiesenbewohner

Ziesel gehören zur Familie der Hörnchen und haben ein dichtes graubraunes bis gelbgraues Fell. Typisch sind die winzigen Ohren und die ausdrucksvollen dunklen Augen, die seitlich am schmalen Kopf liegen.

Trotz ihrer geringen Größe von bis zu dreiundzwanzig Zentimetern weisen sie eine unübersehbare Ähnlichkeit mit ihren Verwandten, den Murmeltieren, auf. Bei Gefahr stellen sie sich auf die Hinterbeine und geben einen schrillen Pfiff von sich, um die gesamte Kolonie vor dem potenziellen Feind zu warnen.

Anfangs wurde auch ich oft „ausgepfiffen", aber nachdem ich über mehrere Jahre hinweg unzählige Stunden mit ihnen verbracht habe, haben mich die Ziesel längst in ihre Clique aufgenommen. Seither haben sie mir gegenüber jegliche Scheu abgelegt. Kaum lasse ich mich auf ihrer Wiese nieder, flitzt auch schon der Erste herbei. Sobald einer sich traut, kommen die anderen angerannt, klettern nach Lust und Laune auf mir herum und lassen sich sogar von mir streicheln. Hin und wieder bringe ich Karottenstückchen mit, die sogleich begeisterte Abnehmer finden.

Ziesel sind richtige Schlafmützen. Regen verabscheuen sie, und wenn es nass und kalt ist, zieht sich die gesamte Kolonie in die Bauten zurück und wartet geduldig ab, bis die Sonne wieder vom Himmel strahlt. Gleich und gleich gesellt sich gern, heißt es – vielleicht haben Ziesel ja deshalb so schnell einen Platz in meinem Herzen gefunden …

KLEINE GENIESSER

Für die Ziesel gibt es kaum Hindernisse, ganz nach dem Motto: Geht nicht, gibt's nicht! Keine Frucht hängt ihnen zu hoch, nichts Essbares ist vor ihnen sicher. Ähnlich wie die Feldhamster, mit denen sie die dehnbaren Backentaschen gemeinsam haben, stemmen sie sich auf ihre kurzen Beinchen und schnellen bei Bedarf in die Höhe. Wie ein Steuerruder steht der buschige Schwanz vom kräftigen Körper ab, während die Ziesel den Luftraum und seine Beerenstauden erobern.

Von September bis April schlafen Ziesel in ihrem mit Nistmaterial ausgepolsterten, kuscheligen Bau und tauchen erst dann wieder auf der Erdoberfläche auf, wenn es angenehm warm ist. Im Gegensatz zum Feldhamster legen Ziesel keine Vorräte an, sondern fressen sich eine dicke

Speckschicht an, von deren Energie sie während des sieben Monate dauernden Winterschlafs zehren.

Während die verspielten Ziesel voller Neugier an Blumen schnuppern und genüsslich die Blütenblätter annagen, sehen sie allesamt so aus, als könnten sie keiner Fliege etwas zuleide tun. Doch sobald der Sommer sich dem Ende zuneigt und nur noch wenig Nahrung auf der Wiese zu finden ist, kommt ihr innerer Raufbold zum Vorschein. Dann heißt es Schluss mit lustig, und es wird um alles Essbare gekämpft – zu zweit und sogar in Gruppen.

Im Frühling, wenn die Ziesel aus dem Winterschlaf erwachen, haben sie nichts anderes im Sinn, als zu futtern. Nach der langen Winterruhe ist der Hunger besonders groß. Geschäftig eilen sie umher und suchen die Wiese nach den leckersten Blumen ab.
Ganz gleich, ob Löwenzahn, Kamille, Feinstrahl oder Mohnblume – jede Pflanze wird genau unter die Lupe genommen, beschnuppert und sodann in Windeseile vertilgt. Selbst Walnüsse, die im Herbst übersehen wurden, werden nicht verschmäht.

Ziesel – quirlige Wiesenbewohner | 103

Ziesel werfen nur einmal im Jahr. Bei der Aufzucht der Jungen kommt die liebevolle Seite der lebhaften Tiere zum Vorschein. Dann ist vom Kampfgeist des vergangenen Herbstes nichts mehr zu spüren. Versonnen wird zu zweit an Blüten genagt, und die Tiere begegnen einander voller Fürsorge und Zärtlichkeit. Was sie sich wohl durch die Blume sagen?

DIE KUNST DES BEOBACHTENS

Fotografie steht in enger Verbindung mit der Kunst des Beobachtens – insbesondere in der Natur. Beobachten offenbart uns den Kreislauf des Lebens, den Wandel der Jahreszeiten und die Gesetze der Natur. Es zeigt auch vieles über die Tiere, das wir uns nicht mithilfe von Büchern aneignen können. Feldhamster, Ziesel und Eichhörnchen gehören allesamt zur Ordnung der Nagetiere, sie weisen Ähnlichkeiten auf und sind doch so unterschiedlich in ihren Aktivitätsphasen

Ziesel – quirlige Wiesenbewohner

> Wenn die wachsamen Ziesel ihren Bau anlegen, in dem sie die Nächte verbringen, Winterschlaf halten und ihre Jungen gebären, achten sie immer darauf, dass es genügend Fluchtwege und Hinterausgänge gibt. Neben ihrem Hauptwohnsitz verfügen sie noch über sogenannte Schutzbauten, in denen sie bei Gefahr vorübergehend Unterschlupf finden.

und ihrem Verhalten. In der Wildnis und den wenigen, noch ungestörten Lebensräumen spürt man ihren tiefen Instinkt, zu überleben, ihre Neugier und auch ihre Art, mit ihrer Umgebung und uns Menschen zu kommunizieren. Für mich ist es jedes Mal überwältigend, wenn ein Wildtier sich mir voller Vertrautheit zeigt … Momente, in denen ich den Atem anhalte und das Knipsen vergesse.

Beobachten lehrt uns auch viel über die Anpassungsfähigkeit der Wildtiere, deren natürliche Habitate durch uns Menschen dramatisch schwinden. Es lohnt sich, mit wachen Augen durch die Natur zu spazieren. Wildtiere sind immer für Überraschungen gut – und die unverhofften Begegnungen mit ihnen öffnen das Herz.

EICHHÖRNCHEN –
KOBOLDE DES WALDES

HAUTNAHE BEGEGNUNGEN

Auch wenn jedes Tier, das ich vor der Kamera hatte, auf seine Weise für mich etwas Besonderes ist, zählt das Eichhörnchen zu meinen absoluten Lieblingen. Schon als Kind war ich fasziniert von den akrobatischen Sprüngen, dem buschigen Schweif, der beinahe so lang ist wie der gesamte Körper, und nicht zuletzt von der Art, wie die Tiere sich auf die Hinterbeine setzen, eine Nuss zwischen die Vorderpfoten nehmen und lautstark daran knabbern.

Eichhörnchen – Kobolde des Waldes | 115

Eichhörnchen zählen zweifellos zu den beliebtesten Wildtieren in Europa, und doch sind sie schwer zu beobachten. Im Wald wird man meist erst dann auf sie aufmerksam, wenn sie ihre waghalsigen Sprünge von Ast zu Ast vollführen. Haben sie auf dem Boden eine Nuss oder einen Tannenzapfen erspäht, rennen sie kopfüber den Baumstamm hinunter, schnappen sich die Leckerei und sind im nächsten Moment schon wieder aus dem Blickfeld verschwunden. Manchmal packt sie auch die Neugier, dann krallen sie sich in der Rinde fest und spähen mit ihren dunklen Knopfaugen um den Baumstamm herum. Insgeheim nenne ich sie „Kobolde des Waldes".

So menschenscheu sie in ihrem natürlichen Lebensraum, dem Wald, auch sind, so frech können sie in Parks und Grünanlagen werden. Große Parks in Städten sind hervorragende Orte, um die grazilen Tiere aus der Nähe zu beobachten. Dort werden sie meist von den Besuchern mit Hasel- und Walnüssen gefüttert.

116 | Eichhörnchen – Kobolde des Waldes

Kaum hat man sich auf eine Parkbank gesetzt, tauchen auch schon die ersten Eichhörnchen auf und nehmen einen unter die Lupe. Flink greifen sie nach der Beute und klettern ohne jegliche Scheu auf einem herum. Derart hautnahe Begegnungen mit den sonst so schreckhaften Tieren sind für mich unvergesslich.

Eichhörnchen – Kobolde des Waldes | 119

IM WALD

Auch wenn ich gerne im Park bin, zieht es mich doch eher in die Wildnis. Abseits von großen Menschenmengen kann ich in Ruhe meine Fotos schießen. Immer mit dabei ist mein Tarnzelt, das mich für die Tiere nahezu unsichtbar macht.

In der Abgeschiedenheit der Wälder spielt sich das Leben der Eichhörnchen überwiegend in den Baumkronen ab. Neben Nüssen,

Kernen und Samen gehören auch junge Triebe, Vogeleier und Jungvögel auf ihren Speiseplan. Es ist immer wieder aufs Neue faszinierend, zu sehen, wie die sprungkräftigen Tiere ihren täglichen Lebenskampf bestreiten und dabei ganz und gar eins mit dem Wald zu sein scheinen.

In Mitteleuropa tragen Eichhörnchen ein braunes bis rotbraunes Fell. Die Farbe ist neben genetischen Einflüssen abhängig von der Umgebung, in der sie leben. Tiere, die in Nadelwäldern zu Hause sind, zeigen oft ein dunkleres Fell als solche, die inmitten bunter Laubbäume leben. Ob schwarz, braun oder rot: Der Bauch des Eichhörnchens ist immer weiß gefärbt. Auffallend sind auch die langen, putzi-

gen Ohrbüschel, die jedes Jahr im Herbst wachsen und zum Fellwechsel im Frühjahr wieder ausfallen.

Die heißen Sommer machen den Eichhörnchen schwer zu schaffen. Ein Tümpel mitten im Wald bietet ihnen die Möglichkeit, sich zu erfrischen. Das brachte mich auf die Idee, sie beim Trinken zu fotografieren, was sich als ziemliche Herausforderung darstellte. Während ich Stunde um Stunde bei unerträglicher Hitze in meinem Versteck ausharrte, wurde ich belohnt: Endlich zeigten sich die ersten Eichhörnchen, erkundeten neugierig den Teich, streckten die Zunge ins Wasser und tranken. Inzwischen beobachte ich fast jeden Tag ein durstiges Eichhörnchen, das vorbeikommt und mir die schönsten Motive schenkt.

Eichhörnchen – Kobolde des Waldes | 127

Nachdem die Eichhörnchen getrunken haben, blicken sie manchmal in den Tümpel, und es macht ganz den Anschein, als betrachteten sie ihr Spiegelbild. Sie wirken erstaunt, zuweilen geradezu hypnotisiert von ihrem eigenen Abbild und spielen sogar voller Neugier mit ihren Reflexionen im Wasser. Was sie wohl sehen mögen? Vielleicht haben ja auch Eichhörnchen die Gabe, ihr Spiegelbild auf der Oberfläche des Teichs zu erkennen …

Nicht nur die kleinen Kletterkünstler, sondern auch andere Waldbewohner wie Singvögel, Spechte, Sperber, Feldhasen, Raben und andere Tierarten erfreuen sich in den heißen Sommermonaten am Wasser. In solchen Augenblicken wird man sich einmal mehr bewusst, wie viele Tiere in unseren Wäldern heimisch sind – einzigartige Geschöpfe, die allesamt darauf angewiesen sind, dass wir ihren Lebensraum schützen und erhalten.

Auch die Eichhörnchen in den Stadtparks wissen sich zu helfen, wenn sie durstig sind, und kennen längst die besten Quellen. Ein einfacher Wasserhahn, der normalerweise von den Gärtnern benutzt wird, ist in den Sommermonaten in einem Park inmitten von Wien ein angesagter Eichhörnchen-Hotspot. Manche Parkbesucher drehen absichtlich den Hahn auf, damit die Tiere die Möglichkeit haben, ihren Durst zu stillen. Wenn mal kein Wasser fließt, scheint es ganz so, als wären die schlauen Nager gar nicht auf die Hilfe der Menschen angewiesen. Offenbar haben sie längst herausgefunden, wie sie den Hahn mit ihren krallenbewehrten Vorderpfoten drehen müssen, um sich selbst zu versorgen.

HERBSTLICHER-SAMMELWAHN

Der Herbst ist für mich eine der schönsten Zeiten im Jahr, denn nun beginnt auch bei den Eichhörnchen der Sammelwahn. Da sie keinen Winterschlaf halten wie die Feldhamster und sich auch keine Speckschicht anfuttern wie die Ziesel, legen sie Vorräte im Boden und in Baumverstecken an. Es ist spannend, ihnen dabei zuzusehen, wie sie sich eine Nuss nach der anderen schnappen und diese emsig vergraben, um im Winter ausreichend Nahrung zu haben. Anders als Feldhamster legen sie kein großes Nahrungsdepot an, sondern verbuddeln die Nüsse scheinbar wahllos im Waldboden. Immer wenn sie dabei sind, ihre Beute zu vergraben, sind sie für kurze Zeit ungeschützt, weil sie sich ganz auf ihre Arbeit konzentrieren müssen. Daher bli-

Eichhörnchen – Kobolde des Waldes | 135

cken sie während des Grabens immer wieder hektisch umher, um sicherzugehen, dass sie keiner Gefahr ausgesetzt sind.

Im Gegensatz zum Feldhamster hat das Eichhörnchen ein viel ausgedehnteres Revier, was das Fotografieren deutlich erschwert. Beim Hamster weiß ich, dass er irgendwann aus seinem Bau kommt – das Eichhörnchen hingegen könnte überall sein. Glücklicherweise steht ganz in der Nähe des Tümpels ein Walnussbaum, der jeden Herbst bis auf die letzte Nuss geplündert wird. Die Eichhörnchen tun einfach alles, um an die leckere Beute zu gelangen, und stemmen sich auf ihre muskulösen Hinterbeine, um von Ufer zu Ufer zu springen. Bis zu fünf Meter können sie springend überwinden, nahezu das

Zwanzigfache ihrer Körperlänge. Dabei dient ihnen der buschige Schwanz als Steuerruder.

Selbst die Nüsse, die von den schweren Zweigen in den Tümpel fallen, werden rausgefischt: Die Hinterpfoten in den Ast gekrallt, angeln sie kopfüber nach ihrer Beute oder strecken sich ohne jegliche Scheu vor dem Wasser, so weit sie nur können: Überlebenskünstler in Aktion.

Der kalten Jahreszeit trotzen sie mit ihrem dichten Winterfell. Wegen all der Eichhörnchenverstecke, die sie im Herbst angelegt haben, müssen sie meist nicht hungern. In regenarmen Sommern sind die Nüsse im Innern der Schale jedoch häufig verdorrt. Wenn die Tiere im Winter auf ihre Vorräte zugreifen müssen, kann das fatale Folgen haben. Auch lange Frostperioden und starker Schneefall können ihnen einiges abverlangen, denn dann ist ihnen der Zugang zu ihren Nahrungsdepots versperrt. In solchen Situationen verwöhne ich „meine"

Eichhörnchen besonders, hänge Futterhäuschen auf und befülle sie mit Nüssen und Sonnenblumenkernen.

In den Stadtparks sehen sich die Eichhörnchen einer ganz anderen Schwierigkeit gegenüber. Dort gibt es meist zahlreiche Krähen – intelligente Tiere, die längst gelernt haben, dass es sich lohnt, die Eichhörnchen im Herbst zu beschatten. Sie kennen die Verstecke und bedienen sich ganz selbstverständlich daraus.

Im Allgemeinen aber sind Eichhörnchen schlau genug, sich selbst zu versorgen. So sind sie dank ihres feinen Geruchssinns in der Lage, Nüsse zu finden, die bis zu dreißig Zentimeter unter der Schneedecke stecken. Aus den Nüssen, die nicht ausgegraben werden, wachsen im nächsten Jahr Nussbäume heran, was Eichhörnchen zu einem wichtigen Bestandteil des Ökosystems im Wald macht.

SCHNEERAKETE

Irgendwann kam mir die Idee, ein springendes Eichhörnchen inmitten eines Schneegestöbers zu fotografieren. Bis zur Umsetzung verging eine ganze Weile, denn es wollte partout kein Schnee fallen. Als November wurde, sah ich täglich in den Wetterbericht, doch vergebens. Dann endlich, Ende Dezember, fing es an zu schneien, und die Wetterbedingungen waren darüber hinaus einfach perfekt. Bei minus fünf Grad Celsius fiel der Schnee in dicken Flocken vom Himmel. Ich setzte mich vollbepackt mit meiner Ausrüstung in den Bus, der mich zu einem nahen Wald brachte. Kaum dort angekommen, sah ich auch schon das erste Eichhörnchen in den Ästen herumturnen. Innerhalb weniger Minuten hatte ich das Futterhaus befüllt und mein Tarnzelt aufgebaut. Schon näherte sich ein Eichhörnchen leichtfüßig dem Ort, den ich mir all die Monate ausgemalt hatte. Jetzt

noch schnell die Kamera einschalten und die richtigen Einstellungen vornehmen, und es konnte losgehen. Als hätte es meine Gedanken gelesen, erklomm das Eichhörnchen den nächsten Ast und spähte Richtung Futterhaus. Ich hielt die Luft an, das Herz schlug mir bis zum Hals. Dies war genau der Moment, auf den ich hingearbeitet hatte! Das Eichhörnchen zögerte kurz, dann machte es sich bereit und wagte den Sprung Richtung Futterhaus, um an die verlockenden Nüsse zu gelangen. Ich drückte den Auslöser, und das Foto, von dem ich monatelang geträumt hatte, war im Kasten. Ich taufte das Bild Schneerakete, auch weil es kurz vor Neujahr entstand.

MEIN KLEINER FREUND GISMO

Auch wenn Eichhörnchen im Wald meist schreckhaft sind und vor Menschen flüchten, konnte ich über die Jahre hinweg Freundschaft mit einem ganz besonderen Vertreter seiner Art schließen. Gismo, wie ich ihn nenne, schenkte mir sein Vertrauen und dazu unzählige schöne Begegnungen und Bilder.

Es schien, als hätte Gismo von einem Moment auf den anderen seine Scheu abgelegt. Ich erinnere mich noch genau daran, wie ich nach einem langen Herbsttag dabei war, meine Ausrüstung zusammenzupacken. Als ich aus dem Tarnzelt kletterte, war er gerade eifrig damit beschäftigt, Nüsse im Waldboden zu verbuddeln, und ließ sich nicht im Geringsten dabei stören. In diesem Augenblick hatte ich das Gefühl, als wüsste er längst, dass ich es war, der sich in den vergangenen Wochen jeden einzelnen Tag im Tarnzelt vor ihm versteckt hatte. Ich betrachtete ihn genauer. Seine Ohrpinsel wuchsen vergleichsweise spät, er hatte viel kürzere Haarbüschel als die anderen, wodurch ich ihn in den folgenden Tagen leicht wiedererkannte.

Anders als seine frechen Artgenossen in den Wiener Parks klettert Gismo nicht auf mir herum.

Anfangs legte ich eine Walnuss auf einen gefällten Baumstamm, setzte mich ans andere Ende und wartete, bis er sich die Beute holte. Jeden Tag rückte ich um ein paar Zentimeter näher, bis er sich schließlich sicher war, dass von mir keine Gefahr ausging. Inzwischen hat er so viel Mut, mir eine Walnuss direkt aus der Hand zu schnappen.

Meist komme ich zur gleichen Zeit im Wald an. Dann wartet Gismo schon in den Bäumen auf mich und springt mir hastig entgegen, was mir jedes Mal ein Lächeln ins Gesicht zaubert. Wenn er mal nicht zur gewohnten Zeit da ist, muss ich nur mit ein paar Nüssen rascheln, und schon taucht er wie aus dem Nichts auf. Gern setzt er sich auf einen nahen Baum und knabbert an einer Nuss, während er mich beobachtet. Manchmal legt er sich aber auch einfach auf einen Ast und döst dort vor sich hin – so dicht in meiner Nähe ist das ein starkes Zeichen von Vertrauen, welches mir viel bedeutet.

Eichhörnchen – Kobolde des Waldes | 151

Der buschige Schwanz des Eichhörnchens wird bis zu 25 Zentimeter lang und entspricht damit fast der Körperlänge von etwa 20 bis 35 Zentimetern. Er dient dazu, das Gleichgewicht zu wahren und den Flug von Ast zu Ast zu steuern. Auch wird er während der Balz zur Kommunikation eingesetzt. Zugleich bietet er Wärme im Kobel, dem Nest und Schlafplatz hoch oben im Baum.

Eichhörnchen – Kobolde des Waldes

Eichhörnchen gehören zur Familie der Baumhörnchen. Zu ihren engen Verwandten zählen – ganz ähnlich wie bei den Zieseln – die Murmeltiere. In Deutschland sind Eichhörnchen geschützt, und auch wenn man wenig genaue Zahlen über ihren Bestand hat, gelten sie derzeit als nicht gefährdet.

Für gewöhnlich ist Gismo ein lebendiges Kerlchen und ziemlich umtriebig. Im Frühling wachsen einige Tulpen am Waldrand. Natürlich muss er seine Nase auch dort hineinstecken. Seit er mich in seiner Nähe duldet, brauche ich nur mit dem Zeigefinger eine Blüte anzustupsen, und schon nähert er sich ihr mit grazilen Bewegungen, richtet sich auf und schnuppert genüsslich daran.

Eichhörnchen – Kobolde des Waldes | 155

Es gibt kaum etwas Schöneres, als gemeinsam mit Gismo den Wald zu erforschen und ohne Worte zu kommunizieren. Verständigung und Austausch mit Wildtieren finden auf einer anderen Ebene statt, sie basieren auf Abwägen und einem Vertrauen, das über eine lange Zeitspanne gewachsen ist.

Für mich ist jede Begegnung mit Gismo wie das Zusammentreffen zweier unterschiedlicher Welten, die doch einen gemeinsamen Ursprung haben: die Natur.

Dank

Mein Dank gilt in erster Linie den Wildtieren, die mich in all den Jahren in ihrer Nähe tolerierten, die ich begleiten durfte, die mir einen Einblick in ihr Leben erlaubten und mir dadurch unzählige schöne, einzigartige Momente geschenkt haben.

Ebenfalls möchte ich mich bei meiner Partnerin Jasmina bedanken, welche mich von Anfang an unterstützt hat, für ihre Geduld und für die vielen unterhaltsamen Stunden mit den Tieren in der Natur.

Ein weiterer Dank geht an Sonja, Michael, Marion sowie an Herrn Johann R. (Senior & Junior), ohne deren Hilfe wären viele Bilder in diesem Buch gar nicht erst entstanden.

Auch möchte ich mich bei Angela ganz herzlich bedanken, die bei der Entstehung dieses Buches eine große Unterstützung gewesen ist.

Zu guter Letzt geht mein besonderer Dank an Cindy und dem Bastei Lübbe Verlag.